命理維新

著者 甲子 金塽最

장서원
도서출판

- 머 릿 말 -

命理는 易이다. 다시 말해 命理는 쉬운 것이다. 천지자연의 법칙이 易法이며 이 易法을 인간의 운명에 도입하여 발전되어 온 것이 지금의 四柱命理學이다. 필자는 10여년 전부터 命理에 관심을 갖게 되어 陰陽五行과 甲子乙丑을 배우기 시작하여 여러 선생의 가르침과 적지 않은 命理書를 탐독하였지만 결과는 命理는 코에 걸면 코걸이요 귀에 걸면 귀걸이 라는 느낌을 지울 수가 없었다. 그래서 자신의 부족함을 먼저 탓하기 보다는 四柱不信論의 부정적 견해에 빠져 한 동안 命理를 멀리하게 되었는데, 우연한 기회로 한밝 김용길님께서 저술한 "한밝신사주학"을 접하고 나서 한 동안 접었던 命理공부를 새로이 시작한 계기가 되었고 한밝 스승님의 문하생으로 입문하여 한밝명리를 심도있게 배우게 되었다. 스승님께서 일관되게 말씀하신 것은 易은 쉬운 것이며 자연의 법칙과 인간 삶의 일상적인 모습에서 命理를 궁구하라는 것과, 음양의 이치와 合의 중요성을 특히 강조하셨다. 그래서 어느 날부터 편안한 마음으로 易의 시작점인 甲子의 始源을 더듬어 보고 易의 근본인 자연의 법칙과 음양의 이치를 다시 한 번 궁구하던 중에 지금까지의 육친법이 예로부터 상당히 왜곡되어 있음을 알게 되었다. 그리고 한밝명리학회의 간사이신 雲松선생께서 寅月로 시작하는 入春歲首論 보다 子月로 시작하는 冬至歲首論이 易의 논리에 부합하는 것이 아닌가? 라는 견해의 피력에 그 논리가 타당하다는 생각 끝에 많은 실증사례를 동지기준으로 사주를 세우고 새로운 육친법을 적용하여 풀어 본 결과 冬至歲首論과 새로운 六親法이 정확하다는 확신을 가지게 되었다. 이것은 스승님의 가르침대로 정말 쉬운 것에서 찾아냈다. 冬至歲首論은 陰陽論의 "陰極的始生"이라는 한 마디에서 日은 태양이 가장 멀리 가 있고 가장 어두운 子時를 하루의 시작점으로 한 것이 당연한 것처럼, 年도 해가 가장 짧고 어두운 때인 冬至가 시작점이어야 한다는 생각을 가진 결과이며, 새로운 육친법은 스승님의 가르침대로 자연에서 찾았는데 자연계의 모든 생명질서는 母係로 이어진다는 것과, 陰陽의 이치로 암수가 合하고 合하면 새 생명이 탄생되어 자연계의 생명질서가 이어지는 것이니 인간이라고 자연을 벗어난 별개의 존재가 아니라는 생각에서 부모와 자식 간은 母係로 이어지며, 배우자는 陰陽 合의 이치로 정해져야 한다는 간단한 논리에서 출발한 것이었다. 이렇게 되면 지금까지 전체의 12.5%는 사주팔자부터 잘못 세워졌으며, 육친법은 거의 절반이 잘못되었다. 그래서 命理의 기둥인 줄기부터 왜곡된 채로 온갖 학설이 난무 하였으니 命理를 학습하는 수 많은 學人들이 혼돈과 혼란을 겪어 온 것은 당연하다 하겠다. 하여 이 책에서는 새로운 한밝명리의 핵심적인 내용과 실증사례를 들어 간단히 설명하였다. 이제 왜곡된 줄기를 바로 잡았으니 여기에 말단의 잔가지나 잎사귀를 붙이는 것은 독자들의 몫으로 남겨야 할 것 같다. 이는 필자 또한 같이 넘어야 할 산이며 숙제이기도 하다. 이제 겨우 가장 쉬운 것 하나를 깨우쳤을 뿐이지만 지금까지의 왜곡된 命理의 중요한 부분을 교정했다는 자부심 또한 없지 않은데 이는 한밝 스승님의 가르침 일부를 조금 정리한 것에 불과하다.

끝으로 스승님은 물론 學會를 열정적으로 이끌어 주시는 도반 雲松님께도 깊은 감사를 드립니다.

庚寅년 辛巳월

甲子 金塽晸(김상정)

차례

1. 子월 冬至가 年柱의 기준이 되어야 한다

1)甲子의 始源

『한자로 풀어보는 한국고대신화(김용길 저)』에서 우리가 중국인의 조상으로 잘못 알고 있는 복희씨에 대한 기록이 우리나라의 역사서인"태백일사"에서 『환웅천황에서 5대를 전하여 태우의 환웅이 있었다...

아들을 열두 명 두었는데 장자는 다의발환웅(6대)이고 막내는 태호 또는 복희라 한다』 그리고 "대변경"에서 『복희는 신시로부터 나와 우사가 되었다. 신룡의 변화를 보고 괘도를 만들고 신시의 癸亥로 시작하는 역법을 甲子로 고쳤다』라고 기록되어있다.

우리의 조상 옛 선인들이 천문을 보고 태양(日) 달(月)과 목성(木) 화성(火) 토성(土) 금성(金) 수성(水)이 일렬로 선 기점에 甲子년 甲子월 甲子일 甲子시로 삼았는데 이 날이 바로 동짓날 00時이다.

만약 이 甲子가 하루라도 잘못 잡았다면 지금 우리가 공부하고 있는 易학은 전부 엉터리가 된다. 그러면 일간이 모조리 바뀌게 되므로...

하여 필자는 선인들의 혜안에 놀라움과 경외심을 갖지 않을 수가 없다.

소위 문명의 선구자라고 자처하는 서양인들이 인류문명의 역사와 발전상을 파보고 뜯어보고 첨단 현미경으로 분석하여 내 놓은 학설에 의하면 지금부터 5천년 전 이라면 돌도끼나 들고 짐승이나 잡아먹던 그저 동물보다 조금 나은 정도의 구석기 문명으로 단정하고 있다. 그러나 망원경 하나 없던 그 시대에 맨 눈과 마음으로 천문을 정확히 읽어내고 甲子시를 세운 것은 선인들의 경지가 어디까지였는지 도저히 가늠하기가 어렵다.

2)易의 기원

환웅천황에서 6대에 이르러 복희씨가 癸亥로 시작하는 易法을 甲子로 고쳤다는 기록으로 미루어 보아 이미 5천 년 훨씬 전부터 우리의 한밝민족이 易道를 열고 발전시켜 왔음을 추정할 수 있다. 그 이후 당나라 때의 이허중이 年柱 위주로 감명하던 것을 수 많은 학설이 파생되고 발전을 거듭하다가 송나라 때의 서자평이 日主 위주의 사주명리학으로 전환하여 감명하는 과정을 거쳐 오늘날 사주명리학의 기본체계가 이루어졌다.

3)立春세수론의 고찰

필자가 모르고 있는지는 모르겠지만 寅월 入春을 年柱로 삼은 논리적 근거나 이론을 정확히 밝힌 易書를 아직 보지 못했는데 만물이 소생하기 시작하는 寅월 立春을 한 해의 시작으로 보아야 한다는 것과, 음력 설이 입춘 시기와 어느 정도 일치하므로 등의 막연한 추론이 있을 뿐이다.

그리고 지금의 사주명리학이 정립되던 시기가 과거 농업을 삶의 근본으로 하는 농경시대로서 立春을 한해의 시작으로 본 것은 당시로는 자연스런 논리였을 것으로 추정된다. 그러면 하루의 시작도 새벽 동이 트기 시작하는 寅時로 정해야 함에도 日은 子時로 하고 年은 寅月로 정함은 논리에 전혀 맞지 않는다.

4)冬至歲首論의 역학적 논리

-. 陰極的始生은 음양론의 근본인데 立春을 년의 시작으로 한 것은 띠 즉 年命을 体로하여 음력 정월을 한 해의 시작으로 하는 당사주의 看法을 그대로 사주명리에 도입한 것으로 易의 논리에 부합되지 않는다.

-.甲子는 명리의 始源이고 根本으로 甲子의 시작점인 冬至가 年의 시작이 되는 것은 당연하다.

-.冬至를 기준으로 시주를 세워서 다양한 실증사례를 거쳐 확인해본 결과 立春기준 보다 적중률이 확실히 높았다.

2. 日干이 無力하면 体(일간)가 바뀐다

지금까지 대부분의 명리서에는 종격과 가종격 그리고 화격의 사주를 논하고는 있지만 일간 즉 体가 바뀐다는 이론은 한밝명리학에서만 명확히 밝히고 있다. 이는 실증적으로 많은 임상사례를 거쳐 확인된 사실이므로 의심의 여지가 없다.

1) 어떤 경우에 体(일간)가 바뀌는가

일간의 뿌리가 없거나 합충 등으로 손상되어 일간이 무력한 경우로서

▶ 日支에서 투출한 天干이 강왕한 세력을 가지고 있는 경우

▶ 日柱가 강왕한 세력에 合하거나 生助하는 경우이다.

이는 日干과 日支는 日柱로서 한 몸인데 일간은 정신이고 일지는 몸으로 둘이지만 결국 하나이다. 즉 일간이 무력하여 주체성을 상실한 경우에 일지에서 나온 천간이 강왕한 세력이 되거나 日柱가 강왕한 세력에 合 또는 生助하게 되면 그 천간이 일간을 대행하여 体(일간)가 바뀌게 되는데 이를 "日干代行格"이라 한다. 즉 일지에서 나온 천간은 내 몸에서 나온 神이므로 일간의 역할을 대행하게 되는 것이며, 또 合과 生으로 日柱의 情이 왕한 세력에 따르게 되어도 일간의 역할을 대행하게 되는 것이다.

(이는『한밝신사주학』을 저술한 김용길님께서 최초로 밝혀낸 이론이다)

2) 体(일간)가 바뀌면 어떻게 되나

바뀐 일간이 주체가 되므로 곧 나(自我)가 된다. 즉 주체가 된 바뀐 천간이 일간을 대행하게 되므로 바뀐 体

를 나로 보고 간명해야 한다.

그래서 바뀐 体를 기준으로 六親을 찾아야 하는데 이에 대한 설명은 다음의 새로운 육친법과 실증사례 풀이편에서 다룬다.

3. 六親은 生과 合의 법칙으로 찾아야 한다

1) 천지자연의 모든 생명질서는 母係로 이어진다.

천지자연의 모든 생명질서는 母係로 이어지는데 우리 인간도 예외는 아니다. 자연의 생태를 관찰해도 그러하고 우리 인간도 아버지의 유전자를 이어받기도 하지만 어머니의 유전자도 이어받는다. 이 보다 더 중요한 것은

어머니의 뱃속에서 어머니의 피와 살을 나누어 받으며 열 달 동안 자라난 후 세상 밖으로 탄생하게 되는데, 태어난 후에도 어머니의 젖을 먹고 성인이 될 때까지 보살핌을 받아 성장하게 되는 것이다.

또 먼 옛날에는 모친가계로 이어져 왔는데 인간은 요순시대를 거치면서 인위적으로 부친가계로 바꾸었는데 이는 자연법하고는 관계가 없는 것이다.

따라서 아버지를 찾을 때는 어머니를 먼저 찾은 후 그 合神으로 아버지를 찾아야 하며, 자식을 찾을 때는 남명의 경우에는 妻星의 식상으로 찾아야 하는데, 지금까지의 육친법을 살펴보면 母係질서를 무시한 채 인수는 어머니, 재성은 아버지, 남명의 관성은 자식, 재성은 처, 관성은 남편으로 고정 관념화 된 육친법으로 많은 오류를 낳고 있다.

2) 나와 合하는 상대가 배우자다

지금까지 재성은 처고 관성은 남편으로 정한 육친법은 양일간의 남명과 음일간의 여명은 어느 정도 일치하지만, 음일간의 남명과 양일간의 여명에는 전혀 맞지 않는다. 이는 음양의 자연법에 맞지 않는다. 천지자연의 질서는 음과 양이 합하게 되고 합하게 되면 새로운 생명이 탄생한다. 그래서 천지자연의 생명질서가 유지된다. 그런데 지금의 육친법 이 음양의 질서를 완전히 무시했다. 왜 그랬을까?

지금의 사주학이 송나라 때 서자평에 의해 재 정립된 것으로 알려져 있는데 당시는 군주 봉건시대로 남존여비

사상이 뿌리 깊게 자리 잡고 있을 때 이므로 여자는 남자가 관리하고 다스리는 존재로 두지 않을 수 없는 사회적 배경이 주된 원인이었다고 추정된다. 그런데 명리학의 대가였던 서자평이 음양의 이법을 몰랐을 리는 만무한데 그것은 아마도 음양의 이법대로 육친을 정한다면 여자(妻)가 관이 되는 경우가 절반인데 당시의 사회적인 의식에도 부합되지 않기도 하지만 특히 국법에서 도저히 용납될 수 없는 상황이었기 때문으로 판단된다. 이런 것을 지금까지 아무런 의심 없이 따라해 왔다고 생각한다.

그러나 과거 왕조시대에는 남편은 官으로 妻는 財로 일률적으로 간명해도 크게 틀리지는 않았다. 그것은 과거에는 지금처럼 자유연애로 결혼하는 풍습이 아니었고 대부분 부모가 배우자를 정하여 혼인시킨 사회적 풍습이었기 때문이다.

일예로 필자의 어머니에게 들어보니 결혼 첫날 밤을 지내고 나서 그 이튼 날 처음으로 부친의 얼굴을 보았다고 하셨다. 예전에는 대부분 그러했으므로 오히려 합신론이 맞지 않았을 거라 짐작된다.

그리고 여자는 남자가 소유하는 재물로 취급하여 돈과 여자를 동일시한 것은 그 당시에는 크게 틀리지 않은 것이었다. 하지만 지금은 시대와 풍습이 완전히 바뀌었으니 바로 잡아야 할 때라고 생각한다.

그 원칙은 매우 간단하다.

나와 合하는 상대가 배우자이며 자연의 모든 생명질서는 母係로 이어진다 이다.

이를 요약하면 다음과 같다

첫째: 나를 낳은 印綬가 母다
둘째: 母의 合神이 父다
셋째: 나의 合神이 配遇者다
넷째: 妻가 낳은 食傷이 자식이다

이는 많은 실증사례를 분석하여 확인한 결과이다.

※만약 필자의 새로운 논리를 인정하고 싶지 않다면 음양의 이법과 자연법에 어긋난 지금의 입춘세수론과 육친법이 맞다는 확실한 논리와 충분한 실증사례를 먼저 제시해야 순서가 될 것입니다.

3) 六親을 찾는 방법과 순서

▶ 母: -.정인이 우선이지만 편인이 일간과 합신이 되거나 첩신하고 유정하면 편인이 母가 된다..

-.일간의 인수가 없으면 일지(장간)의 인수를 찾는다.

-.그래도 없으면 월지를 母星으로 한다.

※ 만약 体가 바뀌어 日干代行格이 된 경우에는 바뀐 体의 인수를 찾아야 하며 体의 인수가 없으면 일지의 인수로 母를 찾아야 한다.

왜냐하면 천간인 体는 바뀌어도 지지는 바뀌지 않는다. 이는 천간은 動으로 쉽게 바뀌지만 지지는 静으로 바뀌지 않기 때문이다.

▶ 父: -. 母星의 合神을 찾는다
(合神을 찾는 순서는 아래의 배우자 찾는 요령과 같다)

-. 그래도 없으면 월간을 父星으로 한다.

▶ 배우자: -.일간(体)의 合神이 배우자다.

◇ 순서 : ▷일 간의 간합신 → ▷일간의 명암합신 → ▷ 일지의 명암합신 → ▷ 일지 표출신과의 합신 →▷ 일지의 육합신 → ▷ 일지장간의 암합신 → ▷ 일간합신의 비겁 → ▷ 그래도 없으면 일지를 배우자로 한다.

※ 만약 日干代行格이 되면 그 바뀐 体의 合神이 배우자다. 그리고 体(일간)가 바뀌어도 일지는 바뀌지 않으므로 바뀐 体의 合神이 없으면 本 일지의 合神을 찾아야 한다.

▶ 자식 : -. 女命은 일간의 식상이며

-. 男命은 妻星의 식상이다.

-. 일간 또는 妻星의 식상이 없으면 일지 또는 妻星지지의 식상이다.

※ 日干代行格이 되면 바뀐 体의 식상이다.

(※ 비록 일간이 바뀌었다고 해도 그 일간의 본성이 완전히 상실되는 것은 아니며 본래의 성격이 약 30% 정도는 잠재한다)

4. 새로운 한밝명리에 의한 실증사례 풀이

실증사례 풀이에 들어가지 전에 개략적인 한밝식 사주풀이의 간명순서와 간명비법을 간단히 소개한다.(이 간법은 "한밝 신사주학"의 저자이신 김용길님 께서 밝히신 내용이다)

1) 간명방법과 순서

▶ 첫째 : 体를 제일 먼저 찾는다.(日干代行格이 되는지 여부) 이는 体를 먼저 찾아야 用 즉 육친을 성할 수 있기 때문이다.

▶ 둘째 : 体가 가는 길과 역할작용을 살핀 다음 희신과 기신을 구분한다.

▶ 셋째 : 体를 기준으로 새로운 육친법에 따라 육친을 찾는다.

▶ 넷째 : 형충회합에 따른 십성의 변화와 주요 12운성과 신살의 동태를 운로와 함께 간명한다.

2) 주요 간명비법

▶ 첫째 : 体가 가는 길과 역할작용을 살핀다.

종래의 격국용신에 의한 간법은 참고 정도로만 하고 体가 어디로 가고 있으며 어떤 역할을 하고 있는지를 살피는 간법이다.

여기서 体가 가는 길은 합→생→극의 원칙으로 살피는데, 이런한 한밝식 간법은 종래의 격국용신법으로는 풀지 못했던 것을 쉽게 풀 수 있게 되었을 뿐아니라 명조를 구체적이고 다양하게 통변할 수 있는 새로운 기틀을 마련하였다.

▶ 둘째: 입체적 통변

이는 종래의 일간 위주의 간법을 탈피하여 해당 육친의 입장에서 상대적이고 입체적인 통변을 하는 방법으로 통변의 새로운 경지를 열었는데 실증사례 풀이를 보면 알 수 있다.

▶ 셋째 : 표출신과 발동이론

表出神과 發動이란 지지장간이 천간에 투출된 것을 말하는데 이것은 예를 들어 戌토에서 辛금이 투출되면 戌중의 他 장간인 戊토와 丁화를 대신하여 辛금이 대표로 투출한 것으로 보며 또 發動했다고 보는 간법인데 사례풀이를 보면 이해할 수 있다.

▶ 넷째 : 합신론

한밝명리에서는 合을 매우 중요하게 다루는데 合神論을 비롯한 여러 가지 기초적이고 다양한 간명이론은 다음 기회에 자세하게 밝히고자 한다.

▶ 다섯째 : 소용돌이론

소용돌이란 천간과 지지가 같은 간격으로 서로 역행하면서 진행하는 경우로 원명 자체 또는 원명과 대운 간에 적용하며, 소용돌이가 되면 불화 갈등 이별 실패 등의 흉의가 따른다.

※ 다음 장의 실증사례 풀이 편에서는 새로운 육친법을 적용하여 体(일간)가 바뀌는 경우와 冬至기

준에 의한 새로운 命式 등으로 풀은 실증사례를 실제로 발생한 주요 사항을 위주로 간략하게 풀이 하였으며 종합적이고 자세한 간명은 생략하였다.

3) 体가 바뀌는 경우의 실증사례

		45	35	25	15	5
辛乙丁戊	남	壬	辛	庚	己	戊
巳巳巳子		戌	酉	申	未	午

▶ 体 : 년간 戊토

乙목 일간의 뿌리가 어디에도 없는데 일지 巳중에서 戊토가 년간에 투출되어 있으므로 戊토가 일간대행을 하게 된다. 즉 뿌리가 없다는 것은 뿌리 없는 나무와 같은 것으로 보면 쉬운데, 하늘은 땅이 있어야 하고 땅은 하늘이 있어야 하는데, 땅이 없는 천간은 그 역할을 온전히 수행할 수가 없는 것이다.

그리고 일간과 일지는 하나이면서 둘이고 둘이면서 하나인 한 몸으로 일지에서 투출된 천간은 내 몸에서 나온 나의 表出神이므로 일지에서 투출한 그 천간이 일간을 대행하여 역할을 수행하게 되는 것이다.

▶ 母 : 월간 丁화(体인 戊토의 인수가 母가 된다)

壬戌 백호 대운에 丁壬 합하여 戌에 丁화가 入庫 되므로 모친 사별하였다.

※ 일반적인 간법으로는 乙목 일간에 母星은 인수인 子수가 되는데 이때에 모친이 사망한 원인을 알 수가 없으며, 오히려 초년 戊午 대운에 子午 충으로 사별하였을 것이다.

▶ 父 : 子중 壬수(母星인 丁화의 합신)

▶ 妻 : 子중 癸수(体인 戊토의 합신)

壬戌백호 대운에 戌중 戊丁辛이 원명에 발동되는데 子중 癸수(妻)는 대운간 壬수로 표출되어 월간 丁화와 합하여 巳에 入絶하므로 상처하게 되었다.

※ 반적인 간법으로는 을목 일간에 妻星은 정재인 戊토가 되는데 이 때에 妻가 사망할 이유가 없다.

▶ 子 : 木(妻星인 癸수의 식상)

壬戌 대운에 월간 丁화가 합반되니 丁화의 억제에서 풀려난 辛금이 乙목을 극상하게 되어 딸도 크게 다쳤다. (본인도 乙목 관성이 辛금에 극상 되므로 퇴직사 있게 되었다)

※ 일반적인 간법으로는 戊토 財가 妻고, 辛금 官이 자식인데 壬戌 대운에 처와 자식의 흉액과 命主가 직장을 잃을 이유가 없다.

◆ 이하 일반적인 간법과의 비교 설명은 생략 ◆

※ 發動이란 動靜의 이치로써 지지 안에서 靜으로 있다가 천간에 지장간이 투출되면 그 지지가 動하므로 發動이라 말한 것인데, 그 지지가 흉신이면 흉의 작용이, 길신이면 길의 작용이 發動되는 이치이다. 즉 12運 중의 死墓絶庫 운이나 백호살 등 흉신 운을 만나면 그 자체로도 흉의가 우려되지만 이 지장간에서 천간으로 투출되는 장간이 原命이나 運에서 나타나면 흉의가 더욱 짙어지게 되는 것으로 흉신 뿐만아니라 다른 모든 神도 같은 이치로 추리하면 된다.

※ 合入死, 合入墓, 合入絶

천간이 간합할 때 합하는 상대의 지지가 12운으로 死

墓絶地가 되는 경우를 말하는 것인데 간합하여 死墓絶地에 들면 특히 해당 육친의 건강과 수명에 심각한 작용을 하게된다.

						37	27	17	7
乙	癸	乙	戊	여		辛	壬	癸	甲
卯	卯	卯	戌			亥	子	丑	寅

▶ 体 : 시간 乙목

월간 乙목은 년주 戊戌과 卯戌 합하므로 情이 년주로 향하므로 시간 乙목이 体가 된다.

▶ 母 : 일간 癸수(体의 인수)

▶ 父 : 년간 戊토(母의 합신) - 甲 대운 甲辰년(7살)
에 부모이별

원명에서 戊토가 왕목에 극상되고 있는데 초년대운 甲寅목에 극상 가중되고, 癸卯년(6살)에 합신을 만나고, 甲辰(7살)년에 또 극상되고 辰戌충하여 천충지충으로 父宮을 깨니 부모가 이별하였다.

父星인 戊토에서 보면 卯 도화가 卯戌로 合多하고 乙乙로 도화발동이 니 바람기 많은 사람으로 후처와 동거하며 아들 두 명을 두었다.

56 46 36 26 16 6

乙 己 庚 丙　여　甲 乙 丙 丁 戊 己

亥 卯 寅 子　　　申 酉 戌 亥 子 丑

▶ 体 : 시간 乙목

己토 일간의 뿌리가 寅중 戊토에 있으나 己토는 寅목에 12運으로 死地가 되므로 뿌리 역할을 할 수 없게 되었는데, 일지에서 투출한 乙목이 亥卯寅 木局을 얻어 강왕한 세력이 되므로 乙목이 体가 된다.

▶ 母 : 子중 癸수(体의 인수)

▶ 父 : 寅중 戊토(母의 합신 - 丙화로 표출)

<u>丑대운 癸酉년(12살)에 부친 사망했는데</u> 대운 丑은 원명의 亥子와 亥子丑 水局을 이루니 강왕해진 세운 癸와 함께 父의 표출신인 丙화를 극상하고 세운 酉는 戊토와 丙화의 死地가 되어서이다.

49 39 29 19 9

甲	甲	戊	丙	여	癸	甲	乙	丙	丁
戌	戌	戌	申		巳	午	未	申	酉

▶ 体 : 월간 戊토

▶ 母 : 戌중 丁화(体의 인수)

▶ 父 : 申중 壬수(母의 합신)

부친 壬수의 입장에서 보면 합신인 戌중 丁화가 셋이고 財庫인 戌토도 셋이나 되어 여자도 많고 돈도 많은 부자였다.

▶ 夫 : 년간 丙화(일지 戌중 辛금의 합신)

体인 戊토의 합신이 없으므로 일지와의 합신을 찾는다.

▶ 子 : 金(体의 식상)

						66	56	46	36	26	16	6
戊	庚	丁	丁	남		己	庚	辛	壬	癸	甲	乙
寅	午	未	巳			亥	子	丑	寅	卯	辰	巳

▶ 体 : 월간 丁화

년지 巳중 庚금에 뿌리가 있지만 일간과 멀리 있어 무정하고 사오미 寅午로 전 지지가 火局을 이루므로 뿌리의 역할을 상실하였다.

▶ 母 : 未중 乙목(体의 인수)

▶ 父 : 庚금(母의 합신)

乙巳 대운에 부친 사별 - 원명에서 왕화에 녹고 있는데 대운 乙이 庚금(부친)을 합거 해서이다.

부친은 辛丑 대운에 편재와 재고 운이 되어 큰 돈을 벌었고, 午 도화에 未 홍염이 천간에 丁丁으로 발동되어서 끼 많은 남자로 돈을 벌자 많은 여자와 교제했다.

▶ 子 대운에 子午충으로 왕신발흥하여 중풍으로 세상을 하직했다.

					55	45	35	25	15	5
壬	庚	丙	丁	남	庚	辛	壬	癸	甲	乙
午	午	午	亥		子	丑	寅	卯	辰	巳

▶ 体 : 년간 丁화(午중의 丙丁화 중 正氣인 丁화가 体가 된다)

▶ 母 : 亥중 甲목(体의 인수)

▶ 父 : 년간 丁화(母궁인 亥중 壬수의 합신 - 亥중 甲목의 합신인 午중 己土도 있지만 암합보다 간합이 우선이다)

▶ 妻 : 시간 壬수(体의 합신)

▶ 壬 대운 辛酉년에 세운간 辛이 나(일지)의 표출신인 丙화와 합되고 丁壬 합되어 결혼했다. 화세 태왕하여 처덕 있었고, 나와 부친이 같은 丁화로 부친 밑에서 함께 일하며 살았다.

▶ 辛丑대운에 재산 모았으나 庚子대운에 왕신 충발되어 뇌출혈로 사망했다.

48 38 28 18 8

壬 庚 丙 壬 남 辛 庚 己 戊 丁

午 寅 午 辰 亥 戌 酉 申 未

▶ 体 : 월간 丙화

▶ 母 : ▷년지 辰중 乙목(体의 정인 - 부친의 본처) ▷ 일지 寅중 甲목(体의 편인 - 부친의 후처로서 나의 친모다)

▶ 父 : 일간 庚금(母인 乙목의 합신)

申 대운에 부친 사망했는데 원국에서 왕화에 극상되고 있는 가운데 父의 地支 寅이 寅申으로 충파되고 왕신발흥 하였기 때문이다.

▶ 妻 : 午중 己토(体의 합신이 없으므로 일지 寅중 甲목의 합신)

▶ 子 : 일간 庚금(妻星의 식상)

戌 대운에 첫 자식 잃었는데 庚금이 대운 戌이 와서 寅午戌 화국으로 왕화에 庚금이 녹기 때문이다.

						40	30	20	10
甲	乙	壬	戊	남		丙	乙	甲	癸
申	巳	戌	午			寅	丑	子	亥

▶ 体: 년간 戊토

▶ 母: 午중 丁화(体의 인수)

▶ 父 : 월간 壬수(母의 합신)

전 지지에 뿌리를 두고 왕화의 생조를 받은 강한 戊토가 무력한 壬수 (母)를 극상하므로 내(戊)가 태어난 5년 후부터 부모 간에 불화 이별 수가 있었다.

▶ 妻 : 時支 申금(体의 합신이 없으므로 일지의 육합신)

▶ 子 : 월간 壬수(妻의 식상)

						57	47	37	27	17	7
壬	癸	丙	己	여		壬	辛	庚	己	戊	丁
戌	卯	寅	巳			申	未	午	巳	辰	卯

▶ 体 : 월간 丙화

일간의 뿌리가 전혀 없는 가운데 일지의 투출신도 없으나 일간 癸수가 水生 卯寅木 木生火로 강왕한 丙화로 일간의 情이 향하고 있다.

▶ 夫 : 戌중 辛금(体의 합신)

대운 己未년(51세)에 남편 사별했는데 대운 辛은 백호발동신이며, 세운지 未가 未戌형하니 형출된 辛금이 원명의 丙화에 합거되기 때문이다.

未대운 壬戌년에 본인(丙)도 壬癸수에 극상되면서 未戌로 형출된 辛금에 합반 되고 戌에 입고되므로 중풍을 맞아 불구자 되었다.

44 34 24 14 4

戊	庚	辛	丙	여	丙	丁	戊	己	庚
寅	寅	卯	戌		戌	亥	子	丑	寅

▶ 体 : 년간 丙화

▶ 母 : 卯중 乙목(体의 인수)

▶ 父 : 일간 庚금(母의 합신)

원국에서 왕화에 극상되는 가운데 日時 寅寅 절지에 앉아 무력한 庚금 父는 寅 대운에 또 절신과 화세가 가중되어 庚금이 녹고 왕목에 극상되므로 부친 사별했다.

▶ 夫 : 월간 辛금(体의 합신)

丑 대운에 辛금이 힘을 얻어 결혼했고, 丁 대운에 辛금이 극상되므로 남편에게 큰 타격과 손재가 있었다.

▶ 子 : 土(体의 식상)

▶ 본인(丙)은 亥 대운에 亥卯로 목국되고 丙寅년에 木火가 가중되니 화세가 태왕하게 되어서 건강이 나빠져 심장수술을 받고 집에 화재도 발생했는데 丁卯년 丁未월에 또 화세가 가중되니 결국 사망하게 되었다.

(또 시간의 戊토는 태왕한 火를 설하는 명줄인데 대운 亥가 戊와 丙의 절이 되므로 흉의가 가중된 탓도 있다)

					60	50	40	30	20	10
戊	丙	壬	戊	여	丙	丁	戊	己	庚	辛
子	申	戌	子		辰	巳	午	未	申	酉

▶ 体 : 월간 壬수(戌에 뿌리 있으나 戌월은 秋節로서 金왕절이므로)

▶ 母 : 戌중 辛금(体의 정인)

▶ 父 : 일간 丙화(母의 합신)

辛酉 대운에 父亡했는데, 원국에서 壬戌백호가 발동하여 丙화(父)를 극상하고 있는데, 丙화가 대운 辛에 합되어 酉에 入死되기 때문이다.

▶ 夫 : 戌중 丁화(体의 합신)

辰 대운에 申子辰 水局되고 辰戌 충하니 남편과 이별했다.

▶ 子 : 子戌간에 공협되는 亥중 甲목

					60	50	40	30	20	10
丁	庚	甲	癸	남	戊	己	庚	辛	壬	癸
亥	子	子	未		午	未	申	酉	戌	亥

▶ 体 : 년간 癸수

▶ 母 : 庚금(体의 인수)

庚금 母는 뿌리도 없는데 丁화의 극을 받고 있으며 庚금의 死地인 子子에 앉아 있고 년간에 癸수로 死神이 발동된 상태로 불미한데 癸亥 대운에 死神 발동하고 水多金沈 되므로 모친 조별하였다.

▶ 父 : 未중 乙목(母의 합신 - 丁화로 표출)

壬술 대운에 丁화(父) 합거하여 戊에 입고하므로 부친 사별했다.

▶ 妻 : 丁화(体의 합신이 없으므로 - 일지 子중 壬수의 합신)

▶ 子 : 未중 己토(妻의 식신 - 丁화로 표출)

▶ 본인은 申대운 庚午년에 甲子 庚午로 천충지충하여 木이 극상되어서 간암절제 수술을 받았고, 戊午 대운 壬午년(60살)에 종명하였다. 이는 癸가 대운 戊에 합되어 午에 入絶하고 子午 충하였기 때문이다.

		49 39 29 19 9
戊 丙 壬 辛	남	丁 戊 己 庚 辛
子 申 辰 丑		亥 子 丑 寅 卯

▶ 体 : 월간 壬수

▶ 母 : 년간 辛금(体의 인수)

▶ 父 : 丙화(母의 합신)

내(壬)가 모친의 상관이 되어 부친 丙화를 치므로 내가 태어난 후 1~6년 안에 부모 이별한다.

▶ 妻 : 辰중 乙목(体의 합신이 없으므로 일지 庚금의 합신 - 戊토로 표출)

妻의 표출신 戊토는 지지에 합신인 癸수가 3개나 있어 많은 남자를 거쳐간다.

▶ 子 : 金(妻 표출신인 戊토의 식상) - 1녀 1남을 두었다.

31 21 11 1

庚 庚 戊 乙 남 甲 乙 丙 丁

辰 寅 子 卯 申 酉 戌 亥

▶ 体 : 년간 乙목

일간 경금의 뿌리가 없는데 지지의 인묘진 목국이 년간에 을목으로 투출 되었는데 일간 경금이 을목으로 합해 가기 때문이다.

▶ 母 : 子중 癸수(体의 인수)

부친이 죽자 모친이 재가 했는데 子수 도화에 시지 辰중 戊토와 암합하고 있다.

辰중에 戊토가 있으니 유부남인데 癸수가 辰에 입고 하므로 재혼처가 편하지 않다.

▶ 父 : 월간 戊토(母의 합신)

亥 대운 甲申년(6살)에 간암으로 사망했는데 원국에서 왕목에 극상 중인데 대운 亥가 와서 亥卯로 목세 가중되고 세운 甲목이 합세하여 戊토를 극상시키고 申은 戊토의 장생지인 寅목을 충파하여서이다.

▶ 본인은 酉 대운에 강간치사범으로 종신형을 받았다.

酉 대운은 목국의 왕지인 卯목을 충하고 일시의 庚庚관에 乙목이 묶여 들어가는 모습이 된다.

4) 冬至기준 年柱法의 실증사례

(입춘기준) 47 37 27 17 7

乙 壬 己 乙 여 甲 癸 壬 辛 庚

巳 午 丑 未 午 巳 辰 卯 寅

(동지기준) 43 33 23 13 3

乙 壬 己 丙 여 甲 乙 丙 丁 戊

巳 午 丑 申 申 酉 戌 亥 子

▶ 夫 : 午중 丁화(일간의 합신 - 丙화로 표출)

甲대운에 甲이 월간 己토를 합하니 丙화(남편)가 일간 壬수에 극되고 辛巳년(46세)에 辛은 무력해진 丙화를 합거하고 세운지 巳는 夫宮인 申을 時支 巳와 함께 巳申 형하므로 흉의 가중되어 남편이 사망했다.

▷ 입춘기준으로 보면 夫성인 午중 丁화가 己토로 표출되는데 巳 대운 辛巳년에 대운 巳와 세운 巳는 원명의 巳午未에 巳가 더해지니 화세가 강해지면서 세운 辛금은 년간 乙목을 치므로 己토(남편)가 오히려 힘을 얻게 되므로 사망할 이유가 없다.

(입춘기준)　　　　　　13 3

甲 乙 己 庚　　여　　丁 戊

申 酉 丑 午　　　　　亥 子

(동지기준)　　　　　　17 7

甲 乙 己 辛　　여　　辛 庚

申 酉 丑 未　　　　　卯 寅

▶ 体 : 년간 辛금

▶ 母 : 월간 己토(体의 인수)

▶ 父 : 時干 甲목(母의 합신)

<u>乙亥년</u>(6살)에 亥未합으로 축미충이 유발되어 기토의 뿌리가 흔들리고 힘을 얻은 乙목이 己토를 극상하여 甲己합을 깨므로 <u>부모 이별</u>하였다.

▷ <u>입춘기준</u>→ 戊 대운 乙亥년이 되는데 대운 戊는 별 관련 없어 보이고, 세운 乙도 년간 庚금과 합하니 <u>부모 이별과는 관련이 없다.</u>

(입춘기준) 32 22 12 2

戊 丙 戊 庚 남 壬 辛 庚 己

戊 戌 子 戌 辰 卯 寅 丑

(동지기준) 39 29 19 9

戊 丙 戊 辛 남 甲 乙 丙 丁

戊 戌 子 亥 申 酉 戌 亥

▶ 体 : 월간 戊토

戌戌에 丙화의 뿌리가 있지만 戌중 戊辛이 투출되면 남아있는 丁화는 동궁에서 투출된 戊辛으로 힘을 뺏기므로 丁화가 無力해진다.

▶ 妻 : 子중 癸수(体의 합신) - 甲申 대운 己丑년(40살)에 처 사별했다.

왕토에 극상 심한가운데 甲申 대운은 癸수의 死地인데 己丑년에 子丑 합으로 왕토를 끌어당기면서 丑戌로 妻宮을 刑하므로 흉의 가중되어 처 사별했다.

31 21 11 1

壬 戊 壬 壬 여 戊 己 庚 辛

子 辰 寅 子 (上人의 妻) 戌 亥 子 丑

▶ 母 : 寅중 丙화(일간인 戊토로 표출)

命主와 모친과는 형제같이 한 몸처럼 살았다

▶ 父 : 子중 癸수(母宮인 寅중 戊토의 합신)

辛丑 대운에 父宮이 있는 壬子와 1급 소용돌이 되는 가운데 甲寅년(3살)에 대운 辛이 태왕한 水를 생하여 물이 넘칠 기세인데 세운 甲목이 간신히 제방 역할을 하는 戊토를 극하여 무너뜨리니 댐이 터져 물이 흘러 버리게 되므로 부친을 사별하게 되었다.

▶ 夫 : 子중 癸수(천간에 3壬으로 표출되어 있다)

위의 남편 사주에서는 내가 왕土(남편)에 둘러 쌓여 꼼짝을 못하고 나의 사주에서도 왕水(남편)에 둘러 쌓여 내가 꼼짝을 못하고 있으니 참으로 묘한 인연이다.

▶ 子 : 식상인 金이 없으나 子寅 간의 丑(중 辛금)이 공협된다.

庚戌생 남편 만나 庚辰생 딸 하나 두었다.

▶ 본인은 戌 대운에 辰戌 충하어 제방이 터지고 戊토가 戌에 入墓庫 되는데 己丑년(38살)에 己土탁임에 子丑합으로 흉의 가중되어 종명하게 되었다.

(입춘기준)									
					32	22	12	2
壬	癸	甲	戊	남	戊	丁	丙	乙
子	酉	子	申		辰	卯	寅	丑

(동지기준)									
					38	28	18	8
壬	癸	甲	己	남	庚	辛	壬	癸
子	酉	子	酉		申	酉	戌	亥

▶ 妻 : 년간 己토 (일간의 합신도 없고 일지 장간의 합신도 없으나 일간의 합신인 戊토의 비겁인 己土 편관을 처성으로 한다)

酉 대운 甲申년(37살)에 이혼했는데 己土 처성을 재간합한 해였다.

▶ 편관이 처성이나 상관인 甲木이 己土를 합거시켜 무력화 시키고 있으니 이 사람은 상관의 성질 그대로 잘난 척과 험한 욕설하며 부인을 괴롭히는 사람이다.

(입춘기준)					48	38	28	18	8
丁	甲	甲	癸	여	己	戊	丁	丙	乙
卯	辰	子	未		巳	辰	卯	寅	丑

(동지기준)					42	32	22	12	2
丁	甲	甲	甲	여	己	庚	辛	壬	癸
卯	辰	子	申		未	申	酉	戌	亥

▶ 夫 : 子중 癸수(일간 합신이 없으므로 일지 辰중 戊토의 합신) 子중 癸水는 년지의 申중 戊토와 선합하므로 나는 후처 팔자다.

▶ 子 : 時干 丁화(妻星의 식상)

丁火 상관은 남편의 전 처 소생의 아들로 내가 키우고 있다. 남편의 前妻 자리인 申중 庚금과 일지의 辰중 乙목과 丁화가 앉아있는 卯중 乙목과 암합으로 이어져 있어서이다.

▶ 본인 자식은 낳지 못했는데 시지가 공망이고, 申子辰 水局된 旺水에 卯목은 습목이 되어 식상인 火를 도울 수도 없고 旺水에 불이 꺼지게 되으로 자식 낳기 힘든 구조다.

▶ 己대운 乙丑년 43살에 이혼 상담차 온 여인으로 대운 己토는 甲목(나)의 합신운이 되고 乙丑년의 丑은 夫宮인 子수를 합하여 진흙으로 만들므로 부부간에 불화가 있을 징조다.

(입춘기준) 45 35 25 15 5

己 辛 丁 甲 여 壬 癸 甲 乙 丙

亥 巳 丑 午 申 酉 戌 亥 子

(동지기준) 45 35 25 15 5

己 辛 丁 乙 여 壬 辛 庚 己 戊

亥 巳 丑 未 午 巳 辰 卯 寅

▶ 夫 : 巳중 丙화(일간의 합신)

午 대운 癸未년(50살)에 남편이 헬리콥터 날개에 맞아 중태에 빠졌다.

사주 원국이 乙未 丁丑 백호에 천간이 전부 백호 발동신에다 巳亥충 丑未충 상태로 巳丑간 암합으로 충발을 잡고 있는 상태이다.

午 대운에 午未합이 되자 丑未충이 촉발되어 巳丑간의 암합이 풀려 巳亥충이 촉발되는 상태로서 癸未년이 되자 대운에서의 충중봉합을 세운의 未가 재차 합충을 하므로 巳丑 암합 고리가 풀리고 巳亥충이 촉발되어서 충출된 巳중 丙화(남편)는 충출된 丑중 辛금과 일간 辛금에

합거되고, 세운 癸수와 충출된 丑중 癸수에 병화가 극상되므로 흉의 가중되어 절명의 위험이 따른 것이다.

(여기서 세운간 癸수와 함께 원명의 천간 己辛丁乙은 모두 丁丑 乙未의 백호 발동신이기도 하다)

(입춘기준) 58 48 38 28 18 8

乙	丁	辛	辛	남	乙	丙	丁	戊	己	庚
巳	酉	丑	酉		未	申	酉	戌	亥	子

(동지기준) 62 52 42 32 22 12 2

乙	丁	辛	壬	남	戊	丁	丙	乙	甲	癸	壬
巳	酉	丑	戌		申	未	午	巳	辰	卯	寅

▶ 体 : 월간 辛금

丁화 일간의 뿌리가 時支 巳화와 戌토에 있으나 巳酉반합과 丑戌형으로 뿌리기능을 상실하였는데 일지 酉금에서 투출한 월간 辛금이 강왕한 세력을 갖고 있으므로 辛금으로 体가 바뀐다.

▶ 妻 : 巳중 丙化(体의 합신)

엄동 丑월에 조후하는 丙화가 희신으로 처가 되므로 처덕이 많았다.

▶ 子 : 土(妻의 식상)

▶ 命主는 戊 대운 癸亥년(63세)에 사망했는데 대운 戊가 이 명주의 명줄인 시간 壬수를 충거하고, 세운 癸는 본래의 일간인 丁화를 극상하고 亥는 丁화의 뿌리인 巳를 충하여 사유축 金局이 흔들리자 丑戌형이 촉발되 壬戌 백호까지 발동하므로 흉의가 가중되어 사망하게 되었다.

(입춘기준) 26 16 6

甲 丁 丙 甲 여 癸 甲 乙

辰 未 子 辰 酉 戌 亥

(동지기준) 24 14 4

甲 丁 丙 乙 여 己 戊 丁

辰 未 子 巳 卯 寅 丑

▶ 母: 時干 甲목(모친은 년간 乙木 편인과 시간 甲목 정인이 있는데, 乙목은 丙화 겁재의 母가 된다)

▶ 父 : 未중 己토(母의 합신)

▶ 己卯 대운 丁卯년(24살)에 부친 사망했는데 부친성인 己토가 대운간에 투출되었는데 丁卯년에 양인을 얻은 왕한 甲목이 殺地에 앉은 약한 己토를 합거하므로 사망하게 되었다.

(입춘기준) 50 40 30 20 10

戊	丙	甲	癸	남	己	庚	辛	壬	癸
子	子	子	酉		未	申	酉	戌	亥

(동지기준) 41 31 21 11 1

戊	丙	甲	甲	남	己	戊	丁	丙	乙
子	子	子	戌		巳	辰	卯	寅	丑

▶ 妻 : 戌중 辛금(일간의 합신 - 戊토로 표출)

辰 대운 己酉년(37살)에 상처했는데 이는 대운 辰이 妻宮 戌을 충하고, 세운지 酉에 처의 표출신인 戊토가 入死되기 때문이다.

▶ 본인은 辰 대운 壬子년(40살)에 사망했는데 대운 辰이 辰戌 충하니 丙화의 미약한 뿌리가 없어지고 세운 壬子수가 들어오니 왕수를 막고있던 제방(戊戌토)이 무너지므로 천간 戊丙甲 모두가 물에 떠내려 간 것이다.

(입춘기준)		52 42 32 22 12 2
乙 庚 庚 丙	남	丙 乙 甲 癸 壬 辛
酉 辰 子 戌		午 巳 辰 卯 寅 丑

(동지기준)		58 48 38 28 18 8
乙 庚 庚 丁	남	甲 乙 丙 丁 戊 己
酉 辰 子 亥		午 未 申 酉 戌 亥

▶ 母 : 辰중 戊토(일간의 인수 - 乙목으로 표출)

戊토(母)는 酉 死地로 합하고 있고 辰중에서 투출한 乙목은 母의 표출신인데 自座 절지에 앉아 있으므로 흉의를 안고 있다.

<u>丙申 대운 乙丑년에 母가 암으로 사망했는데</u>

대운 丙申은 乙酉와 1급 소용돌이 되어 매우 불길한 가운데, 乙丑년(40살)되자 세운간 乙은 진중에서 투출한 母의 투출신으로 월간 庚금에 합거되고 세운 丑이 子丑합을 하자 子辰간의 암합이 깨지니 辰酉합이 촉진되므로 辰중 戊토가 死地인 酉로 쉽게 빨려 들어가게 되므로 사망에 이른 것이다.

또 辰子로 암합된 부모간의 관계가 子丑합으로 辰子간

의 암합이 깨지면 부와 모간의 이별도 뜻하게 된다.

▶ 父 : 子중 癸수(母의 합신)

申 대운 庚午년(45세)에 부친 사망했는데 대운 申은 子중 癸수(父)의 死神이고 庚午년의 庚은 死神 발동임과 동시에 세운지 午는 癸수(父) 의 절신인데 子午 충하니 庚午년에 사별하지 않을 수 없게 된 것이다.

(입춘기준)		57 47 37 27 17 7
戊 丙 己 庚	남	乙 甲 癸 壬 辛 庚
戌 午 丑 子		未 午 巳 辰 卯 寅

(동지기준)		53 43 33 23 13 3
戊 丙 己 辛	남	癸 甲 乙 丙 丁 戊
戌 午 丑 丑		未 申 酉 戌 亥 子

▶ 이 命主는 50 초반까지 직장에서 승승장구 했는데 입춘기준으로 보면 壬癸 대운에는 월간 己토에 상관견관되어 관운과는 거리가 멀다.

▶ 동지기준으로 보면 관운이 따랐음을 알 수 있는데 丙 대운은 丑월에 조후되고 신약한 일주를 도우므로 좋았고, 甲乙 대운은 己토 상관을 제거하니 관운이 따랐는데

▶ 癸 대운 들어서 상관견관이 되니 퇴직하게 되었다.

(입춘기준)　　　　44 34 24 14 4

戊 庚 己 乙　여　甲 癸 壬 辛 庚

寅 寅 丑 未　　　午 巳 辰 卯 寅

(동지기준)　　　　46 36 26 16 6

戊 庚 己 丙　여　甲 乙 丙 丁 戊

寅 寅 丑 申　　　申 酉 戌 亥 子

▶ 母 : 월간 己토(일간의 정인)

母는 재혼했다 - 己토의 합신이 寅寅 중의 甲목이 둘이므로

▶ 父 : 寅중 甲목(母의 합신)

戊子 대운에 親父 사별했는데 원명에서 寅申 충을 丑토가 막고 있는데, 대운 子가 子丑 합하자 寅申충이 발동하여 충파되면서 일간 庚금에도 극을 받았기 때문이다.

▶ 夫 : 월간 己토(일간의 합신이 없으므로 일지의 합신)

丙 대운 甲子년에 남편 사별했는데 대운 丙과 세운 甲은 己토의 死地 寅에서 투출된 死神 발동이고, 세운 甲

子가 甲己합 子丑합으로 丑토 뿌리를 묶고 己토 천간을 合去하기 때문이다.

▷ 만약 남편이 죽지 않았다면 모친처럼 남편이 재혼할 命이다.

▶ 子 : 水(일간의 식상)

자식이 없거나 있어도 잃는 명인데, 자식궁인 時柱가 년주와 寅申 충하고 時干에 편인이 있어서이다.

(입춘기준)					47	37	27	17	7
戊	丙	乙	戊	여	庚	辛	壬	癸	甲
子	辰	丑	子		申	酉	戌	亥	子

(동지기준)					43	33	23	13	3
戊	丙	乙	己	여	庚	己	戊	丁	丙
子	辰	丑	丑		午	巳	辰	卯	寅

▶ 体 : 時干 戊토

▶ 夫 : 体의 합신(丑중 癸수 - 己토로 표출)

<u>辰대운 乙卯년(28세)에 약혼했다가 파혼했다.</u>

이는 세운 乙卯목에 己토가 극상 가중되어서이다

▷ 後夫 :体의 합신(辰중 癸수 - 乙목으로 표출)

<u>己대운 庚申년</u>(33세)에 아이 둘 딸린 남자에게 <u>재취로 결혼</u>했다. 이는 辰중 戊토와 선합되어 있으니 유부남인데 丑중 辛금이 남편의 전처 자식인데 丙辛과 子丑으로 합신하니 내가 맡아 키우게 된다.

그리고 남편 입장에서 보면 庚申년은 辰중에서 표출된 乙목의 합신운 이 되니 이 여자와 결혼하게 된 것이다.

▶ 己 대운 辛酉년에 남편사업 부도로 망했는데, 무력한 乙목(남편)이 己토 편재를 탐하다가, 辛酉년에 辛금이 乙목을 극상하고 운지 酉는 酉丑과 辰酉합으로 돌발이 되어 乙목이 뿌리내릴 수 없으니 도산하게 된 것이다.

※지금까지 입춘기준을 동지기준으로 다시 세워 간명해 보았는데 대략 70~80% 정도는 별반 차이가 없어 보이지만 일부 명식은 동지기준 명식이 아니면 도저히 설명이 안될 정도인데 굳이 음양의 근본 논리와는 부합되지도 않고 적중률도 떨어지는 입춘세수를 고집할 필요가 없을 것이다.

5) 기타 새로운 육친법의 실증사례

30 20 10

己 丙 甲 丙 여 辛 壬 癸

丑 寅 午 午 卯 辰 巳

▶ 夫 : 丑중 辛금(일간의 합신 - 時干 己토로 표출)

辛卯대운 乙亥년 30살에 부부이별 하였다. 丑중 辛金이 辛대운에 투출되자 年干의 비견 丙火에 合去되는 상황인데, 乙亥년의 乙이 夫의 表出神인 己土를 극상하므로 부부이별하게 되었다.

辛 丙 戊 丙 여 甲 乙 丙 丁

卯 辰 戌 戌 午 未 申 酉

▶夫:시간 辛금(일간의 합신)

辛金 남편은 年支 戌 위의 丙火와 먼저 합하였는데 丙火가 戌에 入庫되고 丙戌 백호살이므로 남편의 전 처는 흉사했다. 하여 일간 丙火인 나는 상처한 남편의 후처이다.

또 月干 戊土는 남편의 전처 소생의 딸인데 時支와 卯戌合을 맺으므로 내가 맡아 키우게 되었다.

29 19 9

丙 甲 甲 庚 　 여 　 辛 壬 癸

寅 午 申 子 　 　 　 巳 午 未

▶ 夫 : 午중 己土(일간의 합신)

午 대운에 결혼했는데 午는 갑목의 홍염살이고 午중 己土 夫星이 있어서다.

▶ 子 : 火(일간의 식상)

火가 왕하지만 寅申충 子午충으로 충파되어 낙태 한 번 한 이후로 자식을 갖지 못해 양녀 하나를 키우고 있다.

癸 戊 壬 戊 　 여 　 戊 己 庚 辛

亥 子 戌 戌 　 　 　 午 未 申 酉

▶ 夫 : 時干 癸수(일간의 합신)

<u>戊午 대운에 남편과 이별</u> 했는데 夫星인 癸가 년간 戊와 대운 戊에 쟁합되고 배우자궁인 일지를 子午충 해서이다.

▶ 子 : 金(일간의 식상)

戌중 辛金이 자식인데 딸 셋을 두었다.

45 35 25 15 5

辛 丙 丙 乙　　여　　辛 庚 己 戊 丁

卯 寅 戌 酉　　　　　卯 寅 丑 子 亥

▶ 夫 : 時干 辛金(일간의 합신)

酉戌 중의 辛金은 월간 丙火(언니나 딴 여자)의 남편이다.

▶ 夫宮인 辛卯가 월주 丙戌과 천간지합하므로 남편은 나와 합하기 전에 여자가 있었던지, 아니면 나와 결혼한 후에 유부녀와 합정하게 된다.

38 28 18 8

己 辛 辛 甲　　남　　乙 甲 癸 壬

亥 巳 未 申　　　　　亥 戌 酉 申

▶ 妻 : 巳중 丙火(일간의 합신)

원국에서 巳亥충 巳申형으로 위태롭게 되어있는 중에 戌대운에 이르러 丙火 入庫되니 간병 득병하였다.

이듬 해 <u>乙대운 壬戌년에 간암으로 사망했다.</u>

壬戌년의 壬은 丙火의 絶神 發動이고 戌은 丙火 入庫운인데다 未戌형 巳戌원진으로 巳亥충이 촉발되어 흉신이 중첩하므로 사망이다

					52	42	32	22	12	2
丁	戊	戊	戊	여	壬	癸	甲	乙	丙	丁
巳	辰	午	子		子	丑	寅	卯	辰	巳

▶ 夫 : 辰중 癸水(일간의 합신)

년지 子중 癸水는 위에 비견이 있으므로 남의 남자로 볼 수 있다.

▶ 남편인 癸水에서 보면 합신이 천간에 세 개가 있으니 이 여성의 남편은 세 여자를 만나게 되어 있는데, 甲대운에 남편의 관성인 戊토를극하므로 실직하고 돈 벌러 미국으로 가게 되었는데 미국에서 영주권을 취득할 목적으로 본처와 서류상으로 이혼하고 미국 여성과 위장결혼을 하여 돈벌이 하다가 사업이 부진하자 미국 여성과 이혼수속을 하고 귀국하여 다시 본처와 혼인 절차를 밟았다 하였다. 어쨋던 세 번 결혼 한 셈이다.

▶ 母 : 午중 丁화(일간의 정인)

▶ 父 : 子중 壬수(母의 합신)

丑 대운에 부친 별세 했는데 원명 子午충을 운에서 子丑합으로 沖中逢合하니 흉의 가중되어 그렇다.

33 23 13 3

戊 辛 乙 己　　여　　己 戊 丁 丙
戌 酉 亥 丑　　　　　卯 寅 丑 子

▶ 夫 : 월간 乙목(일간의 합신이 없으므로 일지 酉중 庚금의 합신)

乙목은 亥 역마를 타고 있어 배 타는 선원과 운전업을 했다.

▶ 일지 酉가 홍염살인데다 전국이 냉한하므로 합신인 丙火를 갈구하게 되는데 丙火를 품은 寅대운이 되자 수많은 외간 남자와 합정하게 된다.

乙 乙 庚 己　　남　　丙 丁 戊 己

酉 亥 午 丑　　　　　寅 卯 辰 巳

▶ 妻 : 월간 庚金(일간의 합신)

庚금은 時柱의 乙목에 더 끌리게 되는데 그것은 時支 酉가 庚金의 뿌리가 되는데다 自座 午와 時支 酉間 丙辛 암합하고 또 庚금의 지지 午가 時干 乙목에서 보면 生地가 되니 서로 끌리게 되는 것이다.

▶ 그런 중에 丙대운이 오자 庚金의 自座 午는 12운상 욕궁으로 丙대운은 욕망 발동되는 운이고 또 庚금의 뿌리인 時支 酉중의 辛金이 丙火 욕망 神을 끌어 당기니 庚金(처)은 時支 乙목에게 강하게 이끌리게 되므로 <u>외간 남자를 만나 도망가게 되었다</u>.

					48	38	28	18	8
甲	丁	己	丁	여	甲	癸	壬	辛	庚
辰	酉	酉	亥		寅	丑	子	亥	戌

▶夫: 時支 辰토(일지의 육합신)

일간의 합신은 亥중 壬水이나 년간의 비견과 먼저 합하고 있으므로 남의 남자로 본다.

▶ 이런 경우 丁巳년을 만나면 언니나 여동생에게 부부파란이 있기 쉬운데 오히려 巳亥충으로 충출된 壬수(他男)가 나와 합하자고 찾아오게 된다.

46 36 26 16 6

丙 乙 癸 戊 　 여 　 戊 己 庚 辛 壬

戌 卯 亥 子 　 　 　 午 未 申 酉 戌

▶ 夫 : 時支 戌토(일간의 합신이 없으니 일지의 육합신- 戌토로 표출)

남편성인 戌에서 보면 식상이 없으니 말 수가 없고 속내를 잘 드러내지 않는 남편이다. 그리고 나에게 忌神인 癸수를 잡아주고 있으니 나에게 좋은 역할을 하는 남편이다.

▶ 남편이 己 대운 乙丑년에 비명횡사 이는 원명에서 戊토가 癸와 합하여 亥수 절지에 임하고 있으니 위태로운 상황인데, 대운 己토가 월간 癸수를 충거하니 일간 乙목이 바로 木극 土로 극하고, 乙丑년의 乙목도 합세하여 극하고 또 丑토는 子丑합 丑戌형으로 亥卯 木局을 살리게 되니 일간 乙목의 뿌리는 왕해져서 극상의 힘이 배가 되고 戊도의 뿌리 戌토는 형파되니 戌토(남편)가 도저히 살 수 없는 것이다.

▶ 그리고 夫성이 재성이면 남편에게 불리한 운은 재

물 운도 마찬가지로 나빠지게 되는데 재산 또한 크게 상실하였다.

※ 예를 들어 음일간의 남명은 대부분 관이 처성이 되는데 처가 잘못되면 직장도 잃게 되는 결과를 가져오게 된다.

31 21 11 1

丙 乙 辛 丁　여　乙 甲 癸 壬

戌 巳 亥 未　　卯 寅 丑 子

▶ 夫 : 巳중 庚금(일간의 합신 - 시간 丙화로 표출)

원국에서 巳亥 沖되어 있고 夫星의 표출신인 丙화가 월간 辛금과 합하여 월지 亥 절지에 임하므로 부부해로하기 힘들게 되어있다.

▶ 乙대운 辛巳년(34살)에 이혼했는데 巳亥 충 발동으로 夫宮이 충파되고 원국에서 丙辛합이 있는데 세운간 辛금이 와서 재 간합하여 합거 시키니 이혼하게 되었다.

						34	24	14	4
戊	戊	己	戊	여		乙	丙	丁	戊
午	戌	未	戌			卯	辰	巳	午

▶ 夫 : 午중 丙화(일간 합신 없으므로 일지 戌중 辛금의 합신)

午중 丙화는 년지 戌중 辛금과 먼저 합하므로 상처한 남자이거나 유부남이다.

▶ 夫星이 투출되는 丙대운 壬戌년(24세)에 총각인줄 알고 만났는데 이듬해 癸亥년에 유부남임을 알게되어 남자를 혼인빙자 간음행위로 고소하게 되었다.

癸亥년의 癸는 일간 戊토의 합신으로 원국에는 없어도 운에서 합신이 오게 되면 남자 만나는 운이 되는데 원국에 3개의 戊토와 쟁합하므로 남자 하나를 두고 세 여자가 싸우게 되는 현상이 벌어지게 된다.

그래서 유부남임을 알게 된 것이다.

▶ 그래서 고소까지 하게 되었는데 夫星의 표출신인 대운 丙화는 세운 癸수가 관성이 되므로 관의 제제를 받게 되는 것이다.

51 41 31 21 11 1

丁 辛 己 壬 여 癸 甲 乙 丙 丁 戊

酉 酉 酉 辰 卯 辰 巳 午 未 申

▶ 夫 : 년지 辰토(일간 합신이 없으므로 일지의 육합신)

夫宮인 辰에서 보면 酉는 도화이니 이성에게 매력적인 남자인데 3酉에 모두 암합신이 있으니 나와 합하기 전에 여자 있었고 나와 합한 후에도 또 다른 인연이 있게 된다.

45 35 25 15 5

辛 乙 乙 己 남 庚 辛 壬 癸 甲

巳 丑 亥 卯 午 未 申 酉 戌

▶ 妻 : 巳중 庚금(일간의 합신)

▶未대운에 亥卯未 삼합국을 이루면서 배우자궁인 일지 丑을 冲去시키면서 丑이 빠지므로 巳亥충도 발동되니 충출된 巳중 庚금 처성이 월간의 乙목에 합거되는 상이라 부부 불화로 별거하게 되었다.

▶ 庚대운에 巳역마 발동되어 타국가서 직장생활하다가 타향여인을 만나서 본처와 이혼 상담차 온 사람이다.

46 36 26 16 6

庚 辛 癸 戊　　여　　戊 己 庚 辛 壬

寅 酉 亥 寅　　　　　午 未 申 酉 戌

▶ 夫 : 寅중 丙화(일간의 합신)

년지 丙화가 자식 낳고 산 본 남편이다. 이 것은 辛일주의 식상(자식)인 癸亥가 년주 戊寅과 합하여 유정한 관계로 되어있기 때문이다.

▶ <u>未대운 壬戌년에 남편이 설악산 등반도중 추락사</u>하였는데 이는 원국에서 寅중 丙화 夫星이 년간 戊토로 표출되어서 癸와 합하여 亥 절지에 임하고 있는 상태인데, 대운 未는 寅未 귀문되어 寅을 흔드니 寅亥합이 촉발되므로 寅중 丙화는 꺼지게 되며, 壬戌년의 壬은 亥 절신 발동이고 또 寅중 丙화는 戌에 入庫되므로 흉신이 가중 발호되어 사망하게 된 것이다.

▶ 시지 寅중 丙화의 표출신이 나타나는 戊 대운에 유부남 애인 만나서 잘 살고 있다.

						37	27	17	7
辛	戊	戊	庚	여		甲	乙	丙	丁
酉	戌	寅	辰			戌	亥	子	丑

▶ 夫 : 辰중 癸수(일간의 합신)

辰戌충이 되면 남편이 위태로운데 寅이 중간에서 막고 있다.

이를 땐 寅이 合이나 冲이 되면 辰戌충이 발동하여 화를 입게 되는데, 亥 대운에 寅亥 합으로 辰戌 충이 발동되어 충출된 癸수가 戊토에 합거되므로 남편과 사별했다.

▶ 여기서 辰중 癸수는 월간 戊토 비견과 선합하므로 과거있는 남자거나 유부남으로 볼 수 있는데 그렇지 않다. 그 것은 월간 戊토는 일지 戌(내몸)에서 표출된 것으로 나의 표출신도 되고, 나의 자식(식상)인 時地 酉중 庚금이 년간에 투출되어 부궁인 辰 위에 앉아 있고 또 辰酉로 年時간에 합하고 있으므로 나의 자식을 낳고 산 본 남편으로 보는 것이다.

					38	28	18	8
癸	丙	戊	壬	남	壬	辛	庚	己
巳	子	申	子		子	亥	戌	酉

▶ 母 : 1)申중 庚금(일간의 인수가 없으므로 일지의 인수) (부친의 첫 번째 여자 - 戊壬으로 표출되어 있다)

2) 巳중 庚금(부친의 두 번째 여자 - 나의 친모 - 丙戊로 표출)

▶ 父 : 時干 癸수(母 표출신인 戊토의 합신)

母星인 월지 申중에서 표출된 戊토는 부친의 첫 번째 여자이고, 時地의 巳화는 巳申으로 父宮인 癸巳와 육합하고 戊토로 표출되어 간합되므로 부친의 두 번째 여자이며, 母宮이 父宮도 되고 일간의 祿이 되므로 나의 친모이다.

癸수(부친)는 戊와 합하여 申에 入死 하므로 일찍 별세하였다.

▶ 부친이 돌아가시자 時支의 巳중 庚금(친모)는 戊토로 표출되어 戊癸 合化로 火를 낳으므로 씨 다른 형제가 있게 되었다.

丁 甲 辛 辛　　남　　戊 己 庚
卯 寅 卯 巳　　　　　子 丑 寅

▶ 母 : 월지 卯목(일간의 인수가 없으므로 일지장간 병화의 인수)

1) 월지 卯목 - 부친의 첫 여자

2) 시지 卯목 - 부친의 후처로 나의 생모다

▶ 父 : 巳중 庚금(母星인 卯중 乙목의 합신)

▶ 妻 : 년월간 辛금(일간의 합신이 없으므로 일지장간 寅중 丙화의 합신)

따라서 첫 부인 사별하고 재혼 하게 되나 해로하기 힘들다.

그것은 년간 辛금은 死地에, 월간 辛금은 절지에 앉아 있으면서 뿌리도 약하여 무력한데, 甲목 일주인 남편이 월과 시에 양인(칼)을 두개나 들고 설치고 丁화 상관도 있어 辛금을 극살하기 때문인데, 실제로 이 남자는 천하에 겁날게 없는 거친 사람으로 이 사람의 妻는 폭언 폭행을 수 없이 당하며 오들오들 떨면서 지내고 있다.

29 19 9

戊 辛 辛 丙　남　甲 癸 壬

子 巳 丑 申　　　辰 卯 寅

▶ 母 : 시간 戊토(일간의 인수)

▶ 父 : 子중 癸수(母의 합신)

엄동 丑월에 수는 기신으로 부친 덕이 없었다.

▶ 妻 : 巳중 丙화(일간의 합신)

일지 巳중에서 년간 丙화와 시간 戊토가 처의 표출신인데 년간 丙화 첫 여자와는 비견 辛금이 첩신하여 합하므로 이별하게 된다.

36 26 16 6

己	丙	乙	己	여	己	戊	丁	丙
丑	午	亥	亥		卯	寅	丑	子

▶ 母 : 월간 乙목(일간의 인수)

▶ 父 : 시간 己토(母의 합신 없으나 모의 지지장간 亥중 甲목의 합신)

년간 己토는 년지 亥중 甲목의 합신이니 나의 친부가 아니다.

▶ 부친 己토는 自座 墓地에 앉아 있으므로 일찍 사별하게 된다.

34 24 14 4

己 癸 甲 壬 　 남 　 戊 丁 丙 乙

未 卯 辰 辰 　 　 　 申 未 午 巳

▶ 母 : 辰중 癸수(일간의 인수가 없으므로 일지의 인수가 母다)

▶ 父 : 辰중 戊토(母의 합신)

▶ 妻 : 辰중 戊토(일간의 합신)

▶ 부친 辰중 戊토는 甲辰 백호지에 있으며 癸수로 백호 발동 되어있는데, 乙대운에 또 백호발동되고 왕목에 극상가중되어 부친 간병으로 사별했다.

						32	22	12	2
己	丙	己	癸	여		癸	壬	辛	庚
丑	午	未	未			亥	戌	酉	申

▶ 母 : 未중 乙목

▶ 父 : 일지 午화(乙목의 합신이 없으므로 육합신-丙화로 표출)

丙화 父星이 왕토에 설기 심한 가운데 좌우의 己토는 급각살 발동상태인데다, 甲申년(2살)의 甲이 월간 己토를 합하여 묶으니 庚대운의 생조를 받아 강해진 癸수가 丙화를 바로 극상하므로 부친이 사고로 경추장애자 되었戊子년(6살)에 父星인 양인 午화를 子午충하여 午未합이 깨어지므로 부모 별거하게 되었다.

辛酉대운에는 丙辛합하여 酉 死地에 들므로 사별할 것으로 본다

					36	26	16	6
丙	壬	丙	辛	여	庚	己	戊	丁
午	寅	申	巳		子	亥	戌	酉

▶ 体 : 불변(寅巳申 刑沖으로 손상되었으나 壬수는 申월에 장생하므로)

▶ 夫 : 午중 丁화(일간의 합신)

午중 丁화는 丙화로 표출되어 년간의 辛금과 선합하고 있으므로 나의 남편이 과거가 있었던 남자였거나 언제든지 남의 남자가 될 수 있음을 나타내기도 한다.

▶ 子 대운 壬戌년에 夫궁인 午화를 子午 충으로 깨며, 왕화가 발흥 하고 寅巳申 삼형이 촉발되니 이혼소송까지 당하게 되었다.

					49	39	29	19	9
乙	癸	甲	戊	남	己	戊	丁	丙	乙
卯	卯	寅	子		未	午	巳	辰	卯

▶ 体 : 불변(년지 子수에 뿌리)

▶ 母 : 년지 子수(일간의 인수인 金이 없으니 일지의 인수인 子수가 母)

▶ 父 : 년간 戊토(子중 癸수의 합신)

乙卯 대운에 왕목에 극상 가중되어 부친 이별했다.

▶ 妻 : 년간 戊토(일간의 합신)

戊토는 왕목에 극상되고 있으므로 부부이별이 예견되는 구조다 .

▶ 巳 대운 辛酉년(결혼 후 4년)에 부부이별

巳 대운에 寅巳 형하여 戊토(처)의 장생지 寅을 형하고, 辛酉년에 戊토가 酉에 入死하고 왕목의 제왕지인 양인을 卯酉 충하고, 寅酉로 원진되므로 부부이별 하였다

40 30 20 10

丁 丁 甲 癸 남 庚 辛 壬 癸

未 未 寅 卯 戊 亥 子 丑

▶ 妻 : 월간 甲목(일간의 합신이 없으니 일지 未중 己토의 합신)

▶ 甲목 妻의 입장에서 바라보면 (상대적 통변)

▷ 甲목이 록과 양인을 얻어 신왕하고 丁丁으로 상관이 투출되어 있으니 기가 드세고 언행이 거친 여자다.

▷ 甲목은 생목이므로 未중 己토 財와 합하여 뿌리를 내리므로 돈 있는 남자를 찾게된다.

▷ 丁화 상관이 남편이 되므로 자식처럼 어린애처럼 여기며 남편에 대하여 모성본능이 있다.

▷ 丁未 丁未로 합신이 둘이니 妻가 재혼하게 되는 명조다.

▶ 亥卯未에 子가 도화인데 년상 癸수로 도삽도화가 되니 년상인 壬寅생 여자를 만났다.

▶ 사주가 조열한데 丁화 일간의 역할이 별로 없고 未

토가 조토되어 설기도 안되므로 이 命主는 주위에 쓸모가 별로 없는 사람이다.

▶ 寅未 귀문에 같은 비견이 甲목과 암합하므로 의처증이 있다.

▶ 母 : 월간 甲목(일간의 인수) - 母는 같은 甲목인 妻와 비슷한 성격이다.

▶ 父 : 未중 己토(母의 합신) - 父는 같은 丁未로 나와 비슷한 성격이다.

41 31 21 11 1

甲丙己癸 남 甲乙丙丁戊
午寅未巳 　 寅卯辰巳午

▶ 妻 : 월간 己토(일간 합신 없으므로 일지 寅중 甲목의 합신)

己토(처)는 원명에서 시주 甲午와 천지합으로 부부이별할 구조인데, 乙 대운에 己토를 충거하므로 첫 여자 이별하였고, 卯 대운에 도화운이 되어 새로운 여자 만났으나, 甲 대운에 己토가 합거되어 이별했다

▶ 丙화 본인은 木火로 身 태왕하고 午 양인에 상관을 보고 있으므로 독선적 기질에 언행이 거칠다. 또 己토(妻)는 상관이 되므로 妻를 아이 취급 하듯 하며 쓸데없는 잔소리를 많이 하는데 己토가 忌神이기 때문이다.

▶ 子 : 巳중 庚금(妻星의 식상) -火旺金溶이 되어 자식이 없다.

55 45 35 25 15 5

丙 甲 丁 乙 여 癸 壬 辛 庚 己 戊

寅 辰 亥 亥 巳 辰 卯 寅 丑 子

▶ 母 : 辰중 癸수(일간의 정인)

辰중 癸수는 子庫와 백호지인데 년간 乙목으로 발동하고 발동신이 亥 死地에 임하므로 조년에 모친을 사별하였다.

▷ 甲목에서 乙목은 형제도 되므로 모친과 같이 조년에 오빠를 잃었다.

▶ 夫 : 寅중 戊토(일간의 합신이 없으므로 일지 辰중 癸수의 암합신)

▷ 寅중에서 丙화로 표출되어 있는데 甲목에서 보면 丙화 남편성은 식신이 되므로 자식 같은 남편이고 남편은 처에게 모성애를 갖는다.

▷ 亥월로 한습한데 丙화가 남편이니 남편은 주위 사람들을 잘 보살피는 따뜻한 성격이다.

▷ 癸 대운 壬申년에 사망했는데 대운 癸가 丙화를 끄

고 세운지 申이 夫宮인 寅을 충파하였기 문이다.

▶ 子 : 丙丁화(일간의 식상)

壬 대운은 丁화의 합신운이 되는데 배우자를 만나거나 직장을 얻던지 몸이 아프게 된다. 신병을 우려하는 것은 丁화가 지지에 뿌리가 약하고 甲乙목 인수는 습목이되어 生火가 안되므로 약한 정화가 힘이 센 대운 壬수에 合去되기 쉽기 때문이다.

(이럴 땐 취직한 직장에서 배우자를 만나고 몸이 약해질 수 있다)

37 27 17 7

丙 壬 癸 丙 여 己 庚 辛 壬

午 辰 巳 申 丑 寅 卯 辰

▶ 夫 : 午중 丁화(일간의 합신 - 丙丙으로 표출)

<u>이 여명은 재혼명인데</u> 결혼 전에 남자 있었던지 재혼하게 된다.

이는 배우자궁인 午화에서 丙丙으로 두 번 표출되었기 때문인데 년간의 丙화는 겁재인 癸수의 배우자궁인 巳중에서도 표출되어 있으므로 나의 첫 남자는 남의 남자가 되는 구조이다.

이런 경우 나의 형제도 巳중에서도 丙丙으로 두 번 표출하므로 재혼하게 되는 구조이다.

▶ 寅 대운에 수술 두 번했다.

이 여명은 재다신약이라 년지 申금이 壬일간의 장생지이자 희신인데, 寅 대운에 巳申형 중에 寅巳申으로 刑沖하므로 흉액이 따르는데 신약명에 장생지가 형충을 당하면 신액이나 흉의가 따른다.

36 26 16 6

辛 戊 丙 己 여 庚 己 戊 丁

酉 辰 寅 亥 午 巳 辰 卯

▶ 母 : 월간 丙화(일간의 인수)

丙寅(母)에서 보면 좌우로 식상을 두고 있는데 극제하는 관이 불투 하므로 언행에 거침이 없고 자유분방한 사람인데 自座 寅이 홍염인데다 천간으로 丙辛합, 지지로는 寅亥합, 寅중 甲목이 甲己 명암합, 寅중 丙화는 丙辛 명암합, 寅辰간 戊癸 암합으로 合多하니 情도 많고 끼도 많은 자유부인이었다.

▶ 父 : 시간 辛금(母의 합신)

卯 대운에 父 사망했는데 辰酉로 합 되어 있는 가운데 卯酉 충하니 합처봉충이 되어서이다.

※ 沖中逢合이나 合處逢沖은 더욱 위중한 충파로 본다.

▷ 後父 : 酉중 辛금(母의 명암합신)

卯 대운에 친부가 죽자 卯는 丙화(母)의 욕지가 되어 母는 後夫를 맞았는데 명주에게는 의붓아비가 된다. 그

런데 의붓아비에게 성폭행을 당했다. 이는 의붓아비인 酉와 일지 辰이 辰酉 합되고 辰酉간 乙庚 암합이 이루어지기 때문이다.

▶ 命主는 戊辰 대운에 가출했는데 대운 戊는 寅 역마와 辰 홍염의 발동신이 되기 때문이며, 辰 대운에 이발소 면도사로 일 했다.

이는 辰이 오면 시지와 辰酉 합이 되는데 辰은 일간의 홍염이고 酉는 칼이 되므로 홍염과 칼의 합은 면도사로 연상되는 물상이 된다.

▶ 夫 : 辰중 癸수(일간의 합신)

己 대운 甲子년에 남편과 이별 했는데 남편 입장에서 보면 癸수(夫)는 辰에 入庫 되고 辰酉로 묶인 상태가 되므로 숨 막힐 듯 갑갑한 부부생활로 지내게 되는데 子년에 子辰 반합으로 辰酉 합이 느슨해진 틈이 생기자 남편이 활로를 찾아 나간 것으로 보인다.

여기서 세운 甲목은 년간 己토와 합하는데 이는 己토(오빠)가 여자를 만나던지 직장을 얻거나 하게 되며 또 모친(丙寅)에서 보면 寅중 甲목이 투출하여 甲己 합하므로 모친이 새 인연을 만날 운도 된다.

					48	38	28	18	8
戊	丙	丁	壬	남	壬	辛	庚	己	戊
子	午	未	子		子	亥	戌	酉	申

▶ 妻 : 년간 壬수(일간의 합신은 없고 일지 표출신인 丁화의 천간 합신) 戌 대운에 이혼했는데 子午 충을 未가 막고 있는데 대운 戌이 未戌형하니 子午충이 발동하여 처궁이 충파되기 때문이다.

▶ 後妻 : 時支 子중 壬수(일지 午중 丁화의 합신) 庚 대운에 만났는데 壬子 대운에 또 이별할 命이다. 이는 命主가 壬운에 새로운 여자를 만나게 되나 자 대운에 또 이별하게 되는데, 子운에 妻宮이 子午로 충파되기 때문이다.

▶ 命主는 양인합살 命이 되어 庚 대운에 사법고시 합격하여 검사로 승승 장구 하다가 辛 대운에 正財 합운이 되자 퇴직하고 개인 변호사로 개업 하였는데, 이 명조처럼 妻星이 관성이고 희신이 되면 妻德을 많이 보게 되며 결혼하면 관운도 좋아진다.

45 35 25 15 5

丁	戊	庚	己	남	乙	丙	丁	戊	己
巳	子	午	卯		丑	寅	卯	辰	巳

▶ 妻 : 子중 癸수(일간의 합신)

午월 염천에 子수(妻)는 더위를 식혀주는 희신이자 도화이니 미인이었고 처덕이 많았다.

▶ 命主는 신왕하므로 설하는 庚금과 조후하는 子수가 희신이며, 午丁巳화 인수는 忌神이어서 공부와는 인연이 멀었다.

간이 가는 길은 巳 역마에서 투출한 庚금으로 가는데 공망 맞은 午화 인수에 앉아 있으니 돌아다니면서 무면허 돌팔이 의료업을 하게 되었다.

(午화 인수가 공망이라 문서가 없거나 가짜인 무면허가 된다)

▶ 乙 대운에 무면허 의료행위로 구속되었다.

대운 乙 관(관청)이 庚금 식신(가는 길)을 합하여 묶으니 똑 같이 되었다

▶ 丑 대운에 子午 충 중에 子丑 합하니 沖中逢合이

되어 심장마비로 사망 했다.

이 명조에 庚금 식신은 명줄과 같은 희용신인데 대운 乙이 乙庚 합하여 丑에 入庫 시킨 것도 흉의를 가중시킨 원인이 된다.

- 맺는 말 -

易을 간단히 말하자면 첫째 易은 쉬운 것이다. 둘째 易은 변하는 것이다. 셋째 易은 불변이다. 라고 합니다. 여기서 쉽다고 한 것은 보편적인 자연의 섭리와 인간 삶의 일상적인 모습에서 쉽게 짐작할 수 있다는 말이 되며, 변한다 함은 시간적 공간적 환경의 변화에 따라 변해야 함을 말하는 것이고, 불변이라 함은 음양오행의 근본이치는 변할 수 없다는 것과, 쉽다는 것과 변한다는 이치는 변함이 없다라는 말도 됩니다. 易을 공부하는 우리 역학인 들은 좀 더 넓은 안목을 가져야 할 필요가 있는데 사주명리를 공부하는 데는 먼저 고려해야할 것 들이 있습니다. 한 개인의 삶을 시간적 개념으로 보면 길어야 백년을 살다 가는 인생인데 어느 시대 속에서 살고 있는지가 매우 중요합니다. 개인의 삶을 지배하고 있는 시대적 환경은 개인의 삶에 절대적인 영향을 미치는데 한 개인의 사주팔자는 시대적 환경 속에서 작용하고 있다는 것입니다. 즉 과거 군주봉건사회의 농경시대와 자유민주주의가 자리 잡은 지금의 과학문명시대와는 삶의 환경이

혁명적으로 바뀌었다는 것은 누구나 알고 있는데 천년 전에 만들어 놓은 추명의 틀을 지금까지 그대로 답습하고 있다는 것을 깨달을 필요가 있습니다. 음양오행의 근본적 이치는 영원불변한 자연의 법칙에 속하지만 입춘세수와 육친법은 그 시대에 맞게 짜 놓은 하위 틀에 불과한 것인데 절대로 바꿀 수 없는 진리처럼 굳어진 고정관념에 불과한 것입니다. 이제는 과거의 틀을 깨고 지금 시대에 맞는 새로운 틀이 만들어져야 하는 것은 당연한 것입니다. 여러분! 지금도 여자를 재물로 여기고 나의 소유물로 인식하고 계십니까? 아마 일부 나이 드신 어른들께서는 그렇다 라고 하실 것입니다만 대부분은 아니라고 말씀하실 것입니다. 그렇다면 바꾸어야지요. 易은 변한다 했으니 지금이 변해야할 때인 것 같습니다. 필자의 새로운 한밝명리는 누구나 알 수 있는 쉬운 것이지만 반드시 바로 잡아져야할 명리의 중요한 줄기로서 그냥 입을 다물고 방관하기 보다는 역도를 궁구하는 수많은 학인들과 작은 것이라도 서로 공유하고 나누면 우리나라가 세계의 역학을 선도하는 중심국으로 자리 잡을 수 있다는 기대도 해봅니다. 이는 오천여년 전 우리의 옛 조상 한밝 선인들이 易道를 세계 최초로 열었는데 이 문화가 중국 전역에 넓게 전파되고 이어져 오면서 중국의 문화로 잘못

인식되어온 왜곡된 역사에서 기인한 것인데 언젠가는 꼭 찾아와야할 매우 소중한 우리의 문화유산인 것입니다.

끝으로 이 책은 기존의 명리간법과는 상당히 이질적으로 느껴져 선뜻 수용하기가 쉽지는 않겠지만 한밝명리의 주요 간법인 “일간대행격” “표출신이론” “상대적통변” 등을 활용하여 “동지세수”와 “새로운 육친법”을 적용해 보면 그 동안 풀리지 않았던 수많은 명조들도 쉽게 풀리게 되고 실제적이고 다양한 통변을 할 수 있게 되므로 래담자로부터 한 층 더 신뢰를 얻는 경험을 하게 될 것입니다. 먼저 앞부분의 이론을 충분히 습득하시고 실증사례 풀이를 반복하여 학습하신다면 한 층 업그래이드 된 안목과 통변실력을 갖추게 될 것입니다. 그리고 이 책에서는 한밝명리에서 새롭게 밝힌 주요내용을 간단히 소개 하는 수준에서 마무리 했는데 개인에 따라 다소 어렵게 느껴지는 부분도 있을 것입니다. 그래서 독자 여러분들의 이해를 돕기 위해 한밝명리의 기초적이고 자세한 이론과 간법을 조만간 준비되는 데로 출간할 계획에 있습니다.

- 감사합니다 -

■ 알림 ■

▶한밝 김용길 선생님의 직강수업을 원하시는 분이 계시면 한밝명리학회 간사이신 운송 선생에게 문의하시기 바랍니다.(010-7724-1212)

▶저자 甲子 金埉晸 이메일 ▷ hdggs@yahoo.co.kr

지은이 甲子 金塽晸 (김상정)

- ▶ 1956 丙申생 경북 청도 출생
- ▶ 2000 庚辰년 우리은행 지점장으로 퇴직
- ▶ 2001 辛巳년 진여원 신수훈 선생 문하수업
- ▶ 2009 己丑년 이수 선생 문하수업
- ▶ 2010 庚辰년 한밝 김용길 선생 문하수업

命理維新

첫판 1쇄 2010년 6월 22일

지은이 김상정

펴낸이 장석홍

펴낸곳 도서출판 장서원

141-160 서울 용산구 남영동 7-1(201호)

전화 703-5362 팩스 797-5362

등록 제 01-01213호

shjang1011@hanmail.net

정가 10,000 원

파본 된 책은 바꿔드립니다.